COLLECTION DES « MANUELS F...

PUBLIÉE SOUS LA DIRECTION DE M. ALBER...

LES

BAUX A LOYER

APPENDICE

mis à jour d'après les lois nouvelles
et la jurisprudence la plus récente de la Cour de Cassation
et du Conseil d'État (octobre 1920)

PAR

Albert CROQUEZ

AVOCAT AU CONSEIL D'ÉTAT ET A LA COUR DE CASSATION

DOCTEUR EN DROIT

LAURÉAT DE L'INSTITUT

LIBRAIRIE
DE LA SOCIÉTÉ DU
RECUEIL SIREY
Anne Mson LAROSE ET FORCEL
LÉON TENIN, Directeur
22, Rue Soufflot, PARIS-5e

1920

COLLECTION DES « MANUELS PRATIQUES »

PUBLIÉE SOUS LA DIRECTION DE M. ALBERT CROQUEZ

LES
BAUX A LOYER

APPENDICE

*mis à jour d'après les lois nouvelles
et la jurisprudence la plus récente de la Cour de Cassation
et du Conseil d'État (octobre 1920)*

PAR

Albert CROQUEZ

AVOCAT AU CONSEIL D'ÉTAT ET A LA COUR DE CASSATION
DOCTEUR EN DROIT
LAURÉAT DE L'INSTITUT

LIBRAIRIE
DE LA SOCIÉTÉ DU
RECUEIL SIREY
ANne Mson LAROSE ET FORCEL
LÉON TENIN, Directeur
22, Rue Souttlot, PARIS 5e

1920

*Depuis la parution de notre ouvrage (mars 1920), le légis-
lateur et le juge ont apporté, dans le droit des loyers, des
modifications nombreuses et dont quelques-unes sont assez
profondes. D'autre part, des difficultés nouvelles ont surgi,
auxquelles on a donné des solutions, au moins provisoires.*

*Il devenait donc nécessaire de compléter, et sur certains
points de modifier, ce que nous avons écrit précédemment.
La matière est loin, en effet, d'être épuisée! Les dossiers con-
tinuent à affluer au greffe de la Cour suprême, où l'on enre-
gistrera bientôt le numéro 12.000 et d'autre part certaines
Commissions arbitrales, dans les régions dévastées, à Lille
notamment, n'ont pas même encore fonctionné.*

*Encouragé par l'accueil si flatteur qui nous a été réservé par
nos confrères et par le public, nous avons cherché le moyen le
plus pratique de réaliser une « mise à jour ».*

*Puisque l'on a bien voulu goûter le plan et le dispositif de
notre manuel, le plus simple était d'y ajouter un « Appen-
dice » conçu d'après les mêmes méthodes, avec référence à
chacun des articles numérotés de l'ouvrage —, pour ceux des
articles, évidemment, qui comportent des additions ou des
corrections.*

*Les projets et propositions, interprétatifs et autres, qui sont
actuellement en instance devant le Parlement et que nous
signalons, nous permettent d'entrevoir encore, en cette matière,
bien des changements. La situation se complique du fait que
la jurisprudence elle-même ne craint pas, le cas échéant, de
se prononcer en dehors même des principes généraux du droit.
N'a-t-on pas vu récemment le juge des référés, à la Seine, refuser
à un propriétaire l'expulsion de son locataire à l'expiration
du délai impérativement fixé par la Commission arbitrale et
accorder à ce locataire, proprio motu, un nouveau délai de
plusieurs mois, en basant son ordonnance sur le motif que le
propriétaire avait formé un pourvoi en cassation contre la*

sentence de la Commission et que ce pourvoi ayant été déclaré irrecevable, il avait méconnu l'appel à la conciliation à lui adressé (Aff. de la Rente foncière, 2 août 1920)?

Assurément, le droit prétorien, dont voici rapporté un exemple type, peut offrir des avantages, surtout si l'on choisit bien la personne du préteur. Mais si l'on veut entrer dans cette voie, qu'on le dise et qu'on s'abstienne alors de faire, de défaire, de refaire et de parfaire des lois!

Rien de plus fâcheux, en effet — tout le monde s'accorde à le dire — que la fréquence de ces « interprétations » législatives, venant après plusieurs mois et même plusieurs années de pratique judiciaire (ainsi pour le point de départ des prorogations, — pour les cessions commerciales, — pour les prorogations des locataires ayant réalisé des bénéfices de guerre, et formulées au mépris des intérêts privés les plus légitimes, des droits acquis, des frais exposés et de l'autorité de la chose jugée!

Ces interprétations et ces remaniements sont peut-être utiles pour expliquer des textes dont la clarté n'est pas aveuglante : il n'en est pas moins permis de penser que le justiciable aurait bien préféré, dès l'origine, un bon texte, simplement et clairement rédigé.

Mais en cette matière comme en quelques autres, n'avons-nous pas, en France, le génie de l'improvisation?

C...

Octobre 1920.

CHAPITRE II

COMPÉTENCE

———

7. — Pour que la C. A. soit compétente, il faut :

a) Qu'il s'agisse d'une contestation entre propriétaires et locataires.

La loi n'est donc pas applicable aux concierges, qui doivent déguerpir dans la huitaine de la réception du congé (C. de Paris, 8 mai 1920 .

En cas de faillite du locataire commerçant, le syndic de la faillite peut-il poursuivre devant la C. A. l'exonération des loyers dus par le failli? Oui, parce que, dans cette hypothèse, le syndic ne représente pas la masse des créanciers, mais agit comme mandataire du failli (Chemin de fer Paris-Orléans, 28 juin 1920). Sur l'exonération elle-même, voir n° 36 *bis*.

b) Que la contestation ait pour base des faits *nés de la guerre*.

Quand un fait nouveau né de la guerre, et postérieur à une convention intervenue après le 4 août 1914 est invoqué, la C. A. est incontestablement seule compétente pour apprécier si ce fait existe ou n'existe pas. Mais si elle estime qu'il n'y a pas de fait nouveau, reste-t-elle compétemment saisie ? La jurisprudence est hésitante : un arrêt V°° Mouton, du 5 janvier 1920, répond affirmativement; mais un arrêt Mignol, du 6 janvier 1920, se prononce pour la négative. Dans le dernier état de la jurisprudence Belloni, 21 juin 1920), l'absence de fait nouveau aurait pour effet non de modifier la compétence de la C. A., mais seulement de l'empêcher d'apporter aucune modification à la convention qui lie les parties.

c) Qu'il s'agisse de l'exécution ou de la résiliation de baux à loyers.

Puisque la loi du 9 mars 1918 ne s'applique qu'*aux baux à loyer*, elle n'est pas applicable quand il n'existe entre le propriétaire et *l'occupant* aucun contrat de louage. L'expulsion de cet occupant peut donc être demandée au juge des référés (D° Poncet, 21 juillet 1920).

Quant à *l'exécution du bail*, néanmoins, il a été jugé que la C. A. n'a pas à connaître des contestations pour défaut d'entretien des lieux loués, même quand il est allégué des difficultés nées de la guerre (Choiral, 24 mars 1920).

Mais la C. A. peut, dans la limite de sa décision au fond, statuer sur les contestations accessoires dont cette décision implique la solution ; et ainsi elle a compétence pour ordonner *la levée d'une saisie-arrêt*, lorsqu'elle accorde l'exonération totale des loyers, dont cette mesure conservatoire avait eu pour but d'assurer le paiement (Robert, 16 février 1920). On justifie cette jurisprudence en disant qu'il serait frustratoire d'obliger le locataire à s'adresser au tribunal civil, pour obtenir mainlevée d'une saisie devenue sans aucun objet ; soit, mais on devrait du moins décider que la mainlevée ne devrait avoir effet que du jour où la sentence de la C. A. serait devenue définitive, soit par l'expiration des délais du pourvoi en cassation, soit par le rejet de celui-ci.

La question de savoir s'il s'agit *d'un bail à ferme* ou d'un bail à loyer constitue un litige sur le fond du droit et la C. A. doit surseoir à statuer (Cormorèche, 5 juillet 1920).

** 7 *bis*. — Quel sens faut-il donner à l'expression : « baux à loyer » ?*

La jurisprudence, après bien des hésitations, décide, en son dernier état, que la C. A. est incompétente pour connaître des *locations de meubles ;* la loi du 9 mars 1918, bien qu'employant l'expression générale de « baux à loyers » et malgré la définition donnée par l'article 1711 du Code civil, ne s'applique qu'aux immeubles *autres que les biens ruraux* (Gilli, 11 mai 1920).

Ainsi un emplacement d'affichage ne rentre pas dans le cadre de la loi (Agence nationale d'affichage, 29 décembre 1919, voir cep. en sens contraire, Legras, 10 nov. 1919).

Mais un terrain servant à l'exploitation d'un jeu de boules produit des fruits civils, donne donc lieu à bail à loyer et rentre dans l'application de la loi (Mazard, 16 mars 1920). *Sic* pour un terrain : Péaz, 5 juillet 1920. Voir *contra*, n° 40, et Vᵛᵉ Métifeu, 19 avril 1920.

7 *ter*. — Lorsque le locataire invoque, en matière d'exonération par exemple, non pas les lois spéciales, mais le droit commun, notamment les articles 1719 et 1722 C. civ., la C. A. reste-t-elle compétente? Nous ne le croyons pas ; elle est en effet une juridiction exceptionnelle et exclusivement compétente pour statuer sur les causes d'exonération et de réduction prévues par la loi du 9 mars 1918 (Épic. Réunies, 28 juin 1920).

8. — *b)* FEMME MARIÉE. — La nullité résultant du défaut d'autorisation d'ester en justice accordée à la femme soit par le mari, soit par justice, est d'ordre public et peut donc être invoquée pour la première fois devant la Cour de cassation (Vve Resch, 8 juin 1920).

L'incertitude sur l'existence du mari, disparu à la guerre, ne saurait entraîner la dispense de l'autorisation par justice de la femme (D^e Delaliau, 3 juin 1920).

8 *bis*. — **Colonies.** — Pour les colonies suivantes : Afrique occidentale, Nouvelle-Calédonie, Établissement français de l'Océanie et îles Saint-Pierre-et-Miquelon, la matière est régie par le décret du 21 mai 1919.

Pour l'*Indo-Chine*, un décret du 15 juillet 1920 fixe les conditions de la prorogation.

En *Tunisie*, les C. A. sont soumises, comme dans la métropole, à la censure de la Cour de cassation (Voir not. Mignot, 4 mai 1920), bien que, chose curieuse, elles aient à appliquer non pas les lois françaises, mais bien le décret beylical du 10 mars 1919.

8 *bis*. — **Compétence « ratione loci ».** — La commission compétente est celle de la situation de l'immeuble (art. 42, § 1).

Si la sentence de la C. A. omet d'indiquer que les lieux loués sont situés dans sa circonscription territoriale, il n'y aurait ouverture à cassation que si des conclusions en ce sens avaient été déposées devant la C. A. Ép. Cadenet, 6 juillet 1920).

Cette compétence territoriale de chaque C. A. qui s'impose dans l'ordinaire des choses, présente, dans certains cas, les plus graves inconvénients : celui, par exemple, où un commerçant (particulier ou société) a loué, pour son commerce, un grand nombre d'immeubles dans des arrondissements différents comme les grandes maisons d'alimentation de Reims ou les brasseurs du Nord : il est certain qu'équitablement, la situation de ce locataire ne peut être appréciée qu'en examinant toutes les locations et non pas chacune isolément, et il est fâcheux qu'une seule C. A. ne puisse connaître de l'ensemble de la question ; cela éviterait, pour des cas similaires et pour le même individu, le spectacle de décisions souvent contradictoires et où des circonstances toutes locales et fortuites ont plus de part que l'équité.

CHAPITRE III

RÉSILIATIONS

10. — La résiliation du bail peut être prononcée au profit du bailleur.

a) Si le locataire change la destination des lieux loués, mais *à condition* seulement que ce changement cause un préjudice au bailleur (Guermeau, 5 juillet 1920).

b) Si le locataire ne jouit pas des lieux loués en bon père de famille.

Il n'est aucunement nécessaire que les actes sur lesquels se fonde la demande en résiliation aient un rapport quelconque avec les événements de guerre : l'article 10 est, en effet, conçu en termes généraux (Répéton, 20 juillet 1920) et la C. A. ne peut se déclarer incompétente.

Dans le cas où le bail a été cédé et où les faits d'abus de jouissance sont uniquement imputables au cessionnaire, la résiliation prononcée à la requête du bailleur peut-elle l'être non seulement contre le cessionnaire, mais aussi contre le cédant, bien qu'étranger à l'abus incriminé? Oui, parce que le cédant demeure tenu, conjointement avec le cessionnaire, des obligations résultant des articles 1728 et 1729 du Code civil, au même titre que du paiement des loyers (Vve Laguerbe, 20 juillet 1920).

CHAPITRE IV

DES EXONÉRATIONS

————

14. — **Fait nouveau.** — Pour les conventions postérieures au 4 août 1914, un fait nouveau né de la guerre peut seul ouvrir un droit éventuel à exonération.

L'attribution de l'allocation militaire, après la conclusion du bail, n'est pas un fait de nature à modifier la situation du locataire *dans les conditions de dommages* prévues par la loi (Vve Chancellière, 23 juin 1920).

La mise en réforme définitive du locataire réformé temporaire au moment où est intervenu le bail postérieur au 4 août 1914 ne fait que consacrer la situation antérieure et n'est donc pas un fait nouveau (Mira Sauveur, 3 mai 1920).

Le fait nouveau ne peut être invoqué *que par le locataire* et dans son intérêt: le propriétaire ne pourrait, au cas où une réduction ou exonération aurait été prononcée ou consentie, invoquer, pour demander le rétablissement du prix du bail, un fait nouveau qui aurait amélioré la situation du locataire (Augéri, 15 juin 1920).

14 *bis.* — **Cas du bail renouvelé.** — Le renouvellement du bail, après le 4 août 1914, permet au locataire de demander la prorogation de son bail renouvelé dans les conditions définies par la loi du 23 octobre 1919 (*infra,* n° 47). Mais il est essentiel de remarquer que le bail renouvelé ne comporte aucun droit à réduction ni exonération et qu'il doit être exécuté au prix stipulé dans le renouvellement, par application de article 28, § 2, auquel la loi du 23 octobre 1919 n'a nullement dérogé, et réserve faite, bien entendu, du fait nouveau postérieur au renouvellement (Vve Galli, 15 juin 1920. Cf. Rincé, 12 janvier 1920).

16. — Est considéré comme *mobilisé*, au sens de l'article 14, celui qu'un ordre de mobilisation a appelé ou maintenu sous les drapeaux, quelle que soit sa situation militaire (Mainville, 10 mai 1920).

Le mobilisé jouissant d'une présomption de détresse, c'est au propriétaire qu'incombe la preuve de sa solvabilité et la sentence doit s'en expliquer (Boutet de Monvel, 16 mars 1920).

Mais empressons-nous d'ajouter qu'elle n'est pas tenue de le faire en termes sacramentels ; il suffit, au gré de la Cour suprême, que « les constatations de la sentence impliquent nécessairement que la C. A. a considéré comme démontrées les allégations du propriétaire » (Beauchef, 6 juillet 1920). C'est dire que, sur ce point, le contrôle de la Cour de cassation, sans être positivement illusoire, est plein d'aléas ; en effet, quand considérera-t-elle les constatations de la sentence comme suffisamment démonstratives, à son gré ? Il n'est pas défendu de dire, sans qu'on puisse voir là aucune critique, qu'il ne s'agit plus alors de droit pur et que la Cour suprême pourra éventuellement être influencée par le fait lui-même.

16 *bis*. — Mode de preuve à l'égard du commerçant mobilisé. — La C. A. a-t-elle le droit d'ordonner une expertise à l'encontre du locataire mobilisé ? Peut-elle notamment faire examiner ses livres de commerce ? Il nous semble que non : car, en ce faisant, elle déplace le fardeau de la preuve, qui incombe au propriétaire.

Encore moins pourrait-elle déférer au locataire mobilisé le serment décisoire de l'article 1366 du Code civil. Le mobilisé n'a, en effet, rien à dire ni encore moins à jurer, puisqu'il bénéficie d'une présomption légale de détresse.

17. — Comme *privation d'utilité* de la chose louée, on cite le cas d'un théâtre fermé pendant plusieurs mois par l'autorité publique (Soulier, 15 avril 1920).

*** 18. — Ressources du commerçant.** — Que faudra-t-il décider pour le commerçant mobilisé ou résidant en pays envahi et *qui n'a pu*, pendant une période à déterminer, *exercer son commerce ou son industrie* ? La logique et l'équité semblent indiquer que le loyer du *local commercial* afférent à la période improductive doit être réduit dans la proportion où, pendant cette période, le commerce n'a pu être exercé.

La Cour de cassation a cependant répondu négativement dans le cas du commerçant, mobilisé ou non, domicilié en France restée libre. Ainsi un tapissier, dont la boutique a été fermée pendant la durée de sa mobilisation, peut et doit être condamné à en payer le loyer, afférent à cette période, si, dès son retour dans ses foyers, il a repris et exploité fructueusement son commerce (Albéro, 28 juin 1920). Ainsi un commerçant qui, *du fait de la guerre*, a subi de lourdes pertes dans l'exploitation de son commerce, n'a pas droit, de ce fait, à une réduction de loyer des lieux commerciaux si, par ailleurs et en dehors de son commerce, il a des ressources suffisantes pour payer (Rente foncière, 14 juin 1920).

La question se pose maintenant pour les locataires commerçants des pays anciennement envahis. Nous hésitons à croire que la Cour suprême puisse leur appliquer rigoureusement sa jurisprudence. En effet, une loi en préparation sur les créances moratoriées et intérêts moratoires admet, au profit des banquiers, la localisation *dans le temps et dans la profession* de la dette impayée ; ce qui est vrai du loyer de l'argent qu'est l'intérêt doit donc l'être du loyer des immeubles et nous ne pensons pas qu'on puisse appliquer aux banquiers un régime de faveur, du reste nécessaire. si on le refuse à tous les autres commerçants (Brasseurs not. louant de nombreux cabarets pour l'exercice de leur commerce). Il est équitable et conforme à l'esprit de la loi de considérer, à notre avis, non pas l'ensemble des ressources de l'intéressé, mais *ses revenus commerciaux* pendant la période du loyer impayé.

Une proposition de loi a été déposée en ce sens par MM. Vandame et Crespel (n° 1527, Chambre, séance du 25 septembre 1920). Aux termes de cette proposition, le § 3 de l'article 14 serait abrogé et ainsi remplacé : « Dans tous les cas, la C. A. devra tenir compte, tant pour admettre le droit à la réduction que pour en déterminer l'étendue, de l'ensemble des charges et des revenus des locataires pendant toute la durée de la guerre et les six mois suivants. En aucun cas, les locataires *mobilisés ou sinistrés* ne devront entamer leur patrimoine d'avant guerre, pour payer tout ou partie de leurs loyers afférents à la période ci-dessus indiquée. »

18 bis. — Ce sont du reste *les revenus* seuls qu'il faut considérer et *non pas le capital*, qui ne doit pas être entamé. (Vve Cellarius, 27 janvier 1920. Cf. D^lle Besnier, 26 avril 1920). On ne peut que censurer, dans cet ordre d'idées, la fantaisie de certaines C. A. qui condamnent un locataire, parce que le mobilier garnissant les lieux loués est d'une grande valeur ou même parce que le propriétaire, resté en pays envahi, a sauvegardé le mobilier de son locataire absent (C. A. de Saint-Mihiel), ou encore les commissions qui, en cas de cession du fonds de commerce, obligent le locataire à payer ses loyers arriérés sur la somme versée ou seulement convenue pour la cession. Malheureusement, cette distinction si importante des revenus et du capital n'est pas de celles que la Cour suprême maintienne avec beaucoup d'énergie.

Un arrêt Chevron, en date du 14 juin 1920, a décidé que, pour refuser toute exonération à un commerçant qui avait cédé son fonds de commerce, la C. A. pouvait, sans violer le § 3 de l'article 14, qui envisage l'*ensemble des revenus*, motiver son refus par l'importance de la somme que le commerçant avait ou devait toucher comme prix de cession de son fonds. Il convient de n'approuver cet arrêt qu'avec plusieurs réserves. Assurément, le prix de la cession est un capital et non pas un revenu ; il est vrai que ce capital, s'il est important, est productif de revenus eux-mêmes importants et qu'on rentre ainsi, par ce raisonnement déductif, dans le cadre du § 3 de l'article 14 ; mais ceci n'est vrai que dans le cas où le cédant a effectivement touché son prix de cession ; car s'il ne doit le toucher que dans l'avenir, ce ne sont plus les revenus *actuels* du locataire, mais seulement des revenus futurs et, en quelque manière, hypothétiques, ce qui est en contradiction avec la jurisprudence jusqu'ici suivie constamment par la chambre civile. — On fait valoir d'autre part que le prix de la cession correspond aux bénéfices antérieurement réalisés et fournit donc à la C. A. un excellent élément d'appréciation. Cela est très discutable ; une affaire, même très lucrative, a pu produire peu pendant tout ou partie de la guerre, mais se présenter actuellement avec des perspectives favorables, dont il est tenu compte dans le prix de cession. Et nous retombons alors dans le cas des revenus futurs ou hypothétiques.

19. — Les majorations accordées par l'article 15 aux *petits locataires* pour charges de famille s'entendent de toutes les personnes recueillies ou entretenues par le locataire sous son toit à raison de liens de famille ou d'affection, et, par exemple, de la belle mère (Hurion, 11 mai 1920).

23. — La Cour de cassation a maintenu son interprétation de l'article 33 (Not. D° Centray, 6 janvier 1920, et D° Czernovisq, 21 janvier 1920), contraire à celle qu'en donne le Conseil d'État : à savoir que le prix du loyer en vigueur au 1er août 1914 détermine seulement la catégorie à laquelle appartient le locataire, mais sans que cette règle puisse faire échec aux augmentations de loyer stipulées au contrat primitif et qui restent exigibles.

25. — Les charges. — La Cour suprême décide que les C. A. ne sont compétentes pour statuer sur le paiement des charges que si elles sont un accessoire des loyers; elles doivent donc, à peine de cassation, préciser la nature de ces charges (Estève, 19 mai 1920). Mais alors, dès que la C. A. a donné cette précision, elle doit pouvoir statuer sur les charges, c'est-à-dire accorder ou refuser leur réduction. Sans prendre bien nettement position sur ce point, la Cour de cassation a cependant indiqué que les dispositions de la loi du 9 mars 1918 relatives aux exonérations et délais ne visent que les loyers échus ou à échoir et ne s'appliquent pas aux obligations désignées sous le nom de charges: la C. A. ne pourrait donc accorder aucune réduction sur ces charges (Amat, 19 juillet 1920). Ces décisions se concilient assez mal.

Quoi qu'il en soit, l'exonération de droit, dont bénéficie le petit locataire de l'article 15, ne porte que sur le loyer et certainement pas sur les charges (Scheer, 9 février 1920).

27. — Délais. — La C. A., qui refuse à un locataire toute exonération, peut néanmoins lui accorder les délais de paiement qu'elle juge convenables (Gilles, 15 avril 1920).

Le délai qu'elle accorde peut même être conditionnel, en ce sens que pour un locataire commerçant, condamné à verser un arriéré de loyers par acomptes successifs, la totalité de l'arriéré peut devenir immédiatement exigible, s'il cède son fonds de commerce (Trignon, 10 mai 1920).

La Cour de cassation avait jusqu'ici reconnu aux C. A. le droit de faire produire des intérêts aux loyers arriérés dus. Elle a changé d'opinion sur ce point et décidé que, sauf les cas des articles 21, § 6, et 32, § 4, les C. A. ne pouvaient ordonner le paiement des intérêts des créances, dont elles déclarent l'existence (Villain-Marais, 17 mai 1920).

***28. — Imputations.** — Il convient de signaler sur ce point un important revirement de la jurisprudence. Nous avions enseigné, d'après la doctrine de la Cour suprême, qu'aucune imputation ne pouvait être faite sur les loyers à échoir après l'expiration du sixième mois suivant la date de cessation des hostilités (24 avril 1920). Un arrêt Engherard du 30 juin 1920 décide le contraire; les loyers payés sont donc imputables au gré de la C. A. et suivant les circonstances de la cause, même sur ceux à échoir après le 24 avril 1920.

34. — Sous-location meublée. — C'est le cas du locataire

d'un local vide qui le sous-loue meublé. Doit-il compte au propriétaire de l'intégralité des sommes touchées par lui, et jusqu'à concurrence de sa dette, bien entendu, mais sans déduction de la valeur locative du mobilier ? Un arrêt Déchet, du 12 janvier 1920, semble se prononcer pour l'affirmative, mais n'est pas probant ; car la sous-location avait eu lieu, en l'espèce, malgré l'interdiction formellement stipulée et avait un caractère spéculatif (Cf. Perrault, 29 décembre 1919).

A rapprocher le cas, bien que différent, du propriétaire qui loue un immeuble, par exemple un café, ainsi que des effets mobiliers garnissant l'immeuble et compris dans la location. Le locataire qui sous-loue doit compte alors au propriétaire, non seulement des loyers touchés pour l'immeuble, mais encore de ceux touchés pour les meubles. C'est l'équité même (Beaume, 28 avril 1920).

35. — Colocataires solidaires. — En cas de colocataires

tenus solidairement, l'un d'eux peut être assigné seul et le jeu des articles 1203 et suivants du Code civil reste entier (Sanet, 5 janvier 1920). Mais encore faut-il que la C. A. constate que l'obligation résultant du contrat est solidaire et indivisible entre les preneurs (Vᵉ Barthès, 5 janvier 1920).

La réduction obtenue par un codébiteur solidaire profite aux autres.

Mais lorsqu'un seul des codébiteurs solidaires est assigné, les autres ont toujours le droit d'intervenir à l'instance (Millon, 19 juillet 1920).

*36. — Locataires principaux et sous-locataires. —

L'exonération obtenue par le sous-locataire à l'égard du locataire principal ne profite pas nécessairement à celui-ci à l'égard du propriétaire. Nous avons exposé cette théorie, qui est celle de la Cour suprême, parce que les contrats qui lient d'une part le sous-locataire et le locataire principal, et d'autre part le locataire principal et le propriétaire sont distincts en droit. Mais des espèces nouvelles et non encore solutionnées montrent que cette théorie, appliquée à la rigueur, aboutirait aux plus flagrantes iniquités. Voici le cas des brasseurs des pays dévastés, qui louent des immeubles dans le but *indiqué* d'y installer des cabarets et qui, y ayant fait les frais d'installation nécessaires, sous-louent à un cabaretier qui vendra exclusivement leurs bières ; le cabaretier sous-locataire, empêché d'exercer son commerce par le fait de la guerre, est totalement exonéré à l'égard du brasseur locataire principal ; serait-il juste que ce dernier, empêché *pour les mêmes raisons* de fabriquer et de vendre sa bière, et par conséquent de toucher ses loyers, ne bénéficie pas à l'égard du propriétaire de la même exonération, *basée sur les mêmes motifs,* dont a bénéficié à son égard le sous-locataire cabaretier? Il est essentiel d'observer que cette théorie n'est pas contraire à celle de la Cour suprême, qui refuse au locataire principal le bénéfice des causes d'exonération *personnelles* à son sous-locataire, alors que, dans les espèces envisagées, les causes d'exonération sont *exactement les mêmes* pour le sous-locataire que pour le locataire principal. Dès lors, on ne conçoit pas qu'elles puissent produire des effets juridiques contraires ou tout au moins différents. La question est pendante.

36 *bis.* — Dans ce chapitre sur la **qualité des parties,** il est indispensable d'examiner les cas : *a)* des héritiers du locataire; *b)* des créanciers du failli; *c)* de la femme du mobilisé.

a) *Cas des héritiers.* — L'héritier, qu'il soit bénéficiaire ou bien pur et simple, recueille tous les droits de son auteur et sa succession est habile à obtenir une remise de dette dans l'esprit où le législateur l'a instaurée en matière de loyers. Les héritiers ne sont donc tenus que dans la limite où leur auteur l'aurait été lui-même (Bézard, 9 juin 1920). Si le défunt a été mobilisé et si c'est un petit locataire, la succession peut se prévaloir de l'article 15 (Her. Blavette, 5 juin 1920).

Il n'y a aucune raison pour qu'il n'en soit pas de même du légataire universel, mais seulement, bien entendu, pour les loyers courus avant le décès du locataire (*Sic* D° Rabilloud, 17 mai 1920).

b) *Créanciers du failli.* — Peut-il être accordé une réduction de loyers à la masse des créanciers représentée par le syndic de la faillite, alors que le bénéfice de l'exonération n'appartient qu'au locataire personnellement? Oui, parce que le bénéficiaire direct et principal de la réduction est le failli lui-même (Cie chemins de fer d'Orléans, 28 juin 1920).

c) *Femme du mobilisé.* — La femme qui est seule titulaire du bail contracté avant son mariage ne peut se pré-

C.   2

valoir de l'exception de mobilisation, personnelle à son mari (Ép. Barbaroux, 23 juin 1920).

40. — Le locataire d'un terrain sur lequel il a élevé une maison dont il est propriétaire ne peut invoquer la loi du 9 mars 1918 pour demander une réduction sur la location du terrain (Chometon, 15 mars 1920).

CHAPITRE V

DES PROROGATIONS

**** 41. — Locataires ayant contracté après le 1ᵉʳ août 1914. — Loi du 4 mai 1920.** — Sous le régime de la loi du 9 mars 1918, la prorogation n'était accordée qu'aux locataires dont le bail était en cours au 1ᵉʳ août 1914, sauf le cas de mobilisation individuelle après la location prévu par le § 5 de l'article 56, et si courte que fût la durée de cette mobilisation et même pour une location commerciale (Pesqueux, 17 mai 1920). La loi du 4 mai 1920 accorde le même bénéfice à certains locataires ayant contracté après le 1ᵉʳ août 1914 et avant le 24 octobre 1919.

Mais il faut : 1° qu'il s'agisse de locaux à usage d'habitation ; 2° que le locataire soit : *a)* ou mutilé ou réformé de guerre (cette dernière expression s'entend-elle seulement des réformés nᵒ 1 et non pas des réformés nᵒ 2 : on serait tenté de le croire) ; *b)* ou veuve de guerre ou bien ascendants de militaires ou marins morts pour la France ayant recueilli la veuve ou les enfants de ceux-ci ; *c)* ou bénéficiaire de la loi du 31 mars 1919 (c'est-à-dire pensionné de guerre) ou de la loi du 24 juin 1919 (victime civile de la guerre) ; *d)* ou sinistré, dont l'habitation a été détruite ou rendue inhabitable par fait ou accident de guerre.

Il est spécifié, en outre, que pour ces catégories de locataires, le droit de prorogation est *strictement attaché à la personne du preneur.* Toute cession ou sous-location serait nulle de plein droit (art. 3).

Encore ce droit peut-il être mis en échec et la prorogation *refusée par le propriétaire,* qui, *démobilisé,* déclarera reprendre et *reprendra effecti-*

vement les locaux pour son habitation personnelle ou pour son usage commercial, industriel ou professionnel. (Si le bailleur ne reprend pas ses locaux malgré sa déclaration, quel sera le recours du locataire abusivement congédié ? Pourra-t-il être réintégré ? Cela est douteux et pratiquement peu réalisable ; son action ne pourra, à notre sens, se résoudre qu'en dommages-intérêts à faire prononcer par le juge de droit commun .

** Durée de la prorogation.* — D'autre part, la durée de cette prorogation est spéciale : elle assurera la jouissance du preneur jusqu'au 24 octobre 1921 au plus tard. Sa durée n'est donc pas de deux années ; elle dépend de la date normale d'expiration de la location, à partir de laquelle celle-ci est prorogée jusqu'à la date maxima susindiquée.

Formalités. — Le preneur doit signifier sa volonté au bailleur dans les trois mois de la promulgation de la loi, parue au *Journal officiel* du 5 mai, et le bailleur qui veut reprendre son local doit faire sa contre-signification dans la huitaine de celle qu'il a reçue du locataire (art. 4, § 2 .

*** 41** *bis.* — **Héritiers du locataire.** — Les héritiers du locataire succédant aux droits et obligations de leur auteur à l'égard du bailleur, il s'ensuit qu'ils peuvent user de la faculté de proroger le bail dans les mêmes conditions que s'ils avaient figuré eux-mêmes au contrat de location (Cons. Roussel, 22 juin 1920).

Même solution, à notre avis, pour le légataire universel qui a été régulièrement envoyé en possession.

42 *bis.* — **Locations de plaisance.** — Contrairement au régime antérieurement consacré par la jurisprudence, la loi du 4 mai 1920 a stipulé, en son article 4, § 3, que *ne pourraient bénéficier d'aucune prorogation* les baux relatifs à des locations de plaisance ou qui constituent, sous une dénomination quelconque, une habitation en plus du local familial, où le locataire possède son domicile légal.

Cette disposition est *rétroactive,* en ce sens qu'elle est applicable à toutes les demandes de prorogation n'ayant pas encore fait l'objet d'une décision passée en force de chose jugée, par exemple d'une prorogation accordée par une sentence de C. A. frappée de pourvoi en cassation (Pugès, 11 mai 1920). Mais si la décision est devenue définitive, *il n'y a plus à revenir sur la question,* de sorte qu'il y a deux catégories de locataires en cette matière : ceux qui ont obtenu la prorogation, parce qu'ils ont eu l'heureuse inspiration ou la chance d'obtenir une décision définitive avant la loi du 4 mai 1920 et... les autres. Voilà à quelles anomalies on s'expose en faisant et en défaisant les lois à tout propos !

Certaines C. A. ont cru devoir appliquer ce texte *au logement familial de l'officier* qui, muté, est envoyé dans une garnison lointaine, africaine ou coloniale par exemple, où sa famille ne le suit pas, sous prétexte que c'est dans cette garnison que l'officier aurait son domicile légal. C'est, à notre avis, déformer complètement l'intention du législateur et la question du domicile, soulevée en temps utile, devrait du reste être solutionnée par le juge du droit commun. La Cour de cassation a bien décidé, dans un arrêt Montagnard, du 27 juillet 1920, que la question de savoir si les lieux loués sont une habitation de plaisance en plus du local familial, relève de l'appréciation souveraine du fait, qui appartient à la C. A. Mais la loi parle également du « domicile légal » et si la détermination du domicile constitue également une question de fait (V. not. Cass., 20 nov. 1889, S., 90. 1. 155), il nous semble qu'une contestation sur ce point, soulevée *in limine litis* et basée sur les articles 102 et suivants du Code civil constituerait un litige sur le fond du droit.

43. — Vente de l'immeuble. — La Cour suprême a, après quelques hésitations, maintenu et confirmé sa jurisprudence antérieure (Not. Capdegelle, 22 juin 1920, et Lavergne, 29 juin 1920), mais en la motivant plus juridiquement ; elle ne considère pas comme nulle la clause de résiliation insérée dans le bail au cas de vente de l'immeuble ; cette clause joue au contraire, en ce qu'elle met fin au bail ; mais alors commence à courir la prorogation, qui autrement n'aurait commencé qu'à l'expiration normale du bail.

Mais le bail doit avoir date certaine et c'est celle de son enregistrement qui doit seule être prise en considération (de Moncheron, 8 juin 1920).

Si le locataire a renoncé à son droit postérieurement à la loi du 9 mars 1918, cette renonciation est valable et le litige ainsi soulevé est de la compétence des tribunaux de droit commun (C. Paris, 4 février 1920, *Gaz. Pal.* du 9 avril).

*** 46. — Bénéfices de guerre.** — Nous avons indiqué comme *seule exception au droit de prorogation* celle résultant de l'article 57 de la loi du 9 mars 1918 : *bénéfices* EXCEPTION-NELS *de guerre*. Encore, même dans ce cas, la C. A. est-elle libre d'accorder la prorogation, si elle le juge convenable (Usines de Lescure, 2 mai 1920). La Cour de cassation a même bien spécifié que le refus de la prorogation ne pouvait être basé que sur un certificat du percepteur, précisant explicitement qu'il s'agit de bénéfices *exceptionnels* et non pas supplémentaires (Dubarry, 23 mars 1920), et non pas sur le serment décisoire (Effroy, 29 décembre 1919) ni sur une expertise (Asset, 9 décembre 1919).

Telle est la jurisprudence constante. Mais une proposition de loi Lafarge, votée par la Chambre dans sa séance du

23 mars 1920, modifiera le droit si elle devient une loi. Elle refuse le bénéfice de la prorogation de droit, établie par l'article 56, non plus seulement aux locataires ayant réalisé des bénéfices exceptionnels, mais à tous ceux *qui auront réalisé des bénéfices de guerre dans les conditions prévues par la loi du 1er juillet 1916*. Le bailleur devra administrer cette preuve devant la C. A., et celle-ci décidera alors s'il y a lieu ou non d'accorder la prorogation.

Bien mieux, cette loi sera rétroactive et les locataires qui, *même par décision de justice*, auront été admis au bénéfice de la prorogation pourront être cités à nouveau devant la C. A. par le bailleur qui aura, à cet effet, un délai de trois mois à partir de la promulgation de la loi. Seuls les cessionnaires ou sous-locataires de bonne foi, antérieurs au 15 février 1920, ne pourront pas être recherchés à nouveau.

Disons que ces dispositions sont peut-être très équitables ; mais n'aurait-il pas été préférable de les introduire d'emblée dans la loi du 9 mars 1918 ?

46 *bis*. — Seule exception au droit de prorogation, avions-nous dit. Mais la loi et la jurisprudence ont créé deux exceptions nouvelles.

D'abord la loi du 4 mai 1920 pour les locations de plaisance (Voir *supra*, n° 42 *bis*).

Ensuite la jurisprudence *pour les locations contractées par des administrations publiques*, l'avantage exceptionnel de la prorogation n'ayant pour but que de sauvegarder des intérêts particuliers (*Sic* Service des postes, 23 mars 1920 ; commune de Guétary, 23 mars 1920 ; département de Constantine, 11 mai 1920).

* **47**. — **Baux renouvelés.** — Lorsque le prix stipulé dans un bail antérieur au 1er août 1914 est modifié après cette date, il y a alors un bail nouveau, par application des règles du droit commun, et c'est ce bail nouveau qui doit bénéficier de la prorogation (Vve Frétel, 12 juillet 1920).

La prorogation du bail renouvelé est de droit, même si le renouvellement est postérieur à la loi du 9 mars 1918 (Moullart, 20 avril 1920).

Il est simplement nécessaire qu'il s'agisse : a) *des mêmes parties contractantes* (ainsi aucune prorogation quand c'est la femme qui a contracté et que le bail a été renouvelé au profit de son mari. Martoray, 22 juin 1920. Et encore moins quand le bail a été renouvelé au profit de la concubine d'un militaire tué à l'ennemi et titulaire du bail primitif. Corniouls, 19 mai 1920); b) *des mêmes locaux* (ainsi le changement de locaux, même provoqué par le propriétaire et dans son intérêt, exclut le droit à prorogation. Montain, 12 juillet 1920. De même, en cas de modification des locaux loués. Fyère, 10 février 1920).

Ceci dit, le renouvellement de bail peut très bien résulter de la tacite reconduction (Grammont, 8 mars 1920. Cf. *infra*, nº 48 *bis*).

47 *bis*. — Comme nous l'avions prévu, la jurisprudence a donné au § 7 de l'article 56 une portée beaucoup plus grande que celle prévue par le législateur. Elle décide cependant que l'exception stipulée au § 9 est personnelle au bailleur originaire, qui a vendu l'immeuble occupé par lui, mais ne peut être invoquée par l'acquéreur de cet immeuble (Dᵉ Billot, 26 avril 1920). Mais s'il s'agit du bailleur originaire, il n'y a nul besoin de constater qu'au moment où il a vendu son immeuble, il avait l'intention d'aller habiter dans l'immeuble loué (Rossignol, 18 mai 1920). Quant au bailleur, qui a été privé du logement qu'il habitait, il faut qu'il ait été contraint de quitter son logement et non pas qu'il ait agi par convenances personnelles (Deschamps, 8 juin 1920).

* **47** *ter*. — **Cas de l'occupant sans titre.** — *Expropriation*. — Pour avoir droit à la prorogation, il faut avoir la qualité de locataire. Ainsi, celui qui a continué à jouir des lieux loués au delà du terme fixé par la convention et malgré le propriétaire ne peut invoquer la tacite reconduction (réserve faite, bien entendu, de la notification de prorogation, si elle a été faite en temps utile); la tacite reconduction est, en effet, fondée non pas sur le simple fait d'une acceptation quelconque des locaux par le preneur, mais sur le consentement des parties; celui qui s'est maintenu sans droit dans les lieux loués n'est donc qu'un occupant sans titre et n'a pas droit à prorogation (Dᶦᶦᵉ Bissat, 5 juillet 1920).

De même, lorsqu'un bail écrit est venu à expiration, que les deux parties ont décidé d'y mettre fin définitivement, mais que le locataire a obtenu du propriétaire l'autorisation d'y laisser provisoirement ses meubles, à titre gratuit, il n'y a plus de contrat de bail, donc pas de prorogation possible (Marcel, 8 juin 1920).

Dans le cas où un immeuble a été *exproprié pour cause d'utilité publique* au profit d'une ville, par exemple, et où cette ville a donné congé aux locataires, il importe peu que ceux-ci soient restés en possession des lieux ; ils n'ont pu les occuper qu'à titre précaire, l'expropriation ayant eu pour effet d'opérer de plein droit la résolution du bail. Donc, pas de prorogation, étant entendu qu'aucune nouvelle convention de bail n'était intervenue avec la ville expropriante (Quéau, 22 juin 1920).

47 *quater*. — **Caution.** — La caution, qui s'est engagée à garantir le paiement des loyers, ne peut exercer le droit de prorogation qui n'appartient qu'au locataire.

** **48.** — **Cessionnaires et sous-locataires.** — En ce qui concerne les sous-locataires,* ils ont droit à la prorogation dans les mêmes conditions que le locataire principal et *quelle que soit la date de leur sous-location,* pourvu qu'elle soit antérieure à la loi du 23 octobre 1919 (Mercier, 28 juill. 1920). Ce qui conditionne le droit du sous-locataire, c'est le droit du locataire principal ; par conséquent, si ce dernier a sous-loué sans le consentement du propriétaire exigé par le bail, il n'y a aucune prorogation possible pour le sous-locataire (D⁰ David, 1ᵉʳ mars 1920, et Chanceau, 10 mai 1920). Mais ceci posé, le sous-locataire tient de l'article 4 de la loi du 23 octobre 1919 la faculté d'agir *directement* contre le propriétaire de l'immeuble, tandis que, selon le droit commun, c'est seulement contre son propre bailleur qu'il aurait pu agir.

En ce qui concerne les cessionnaires et sous-locataires des locaux commerciaux, on sait que la Cour de cassation ne leur reconnaît pas le droit d'user de la faculté de prorogation aux lieu et place du cédant. Mais il va de soi que le commerçant qui a fait sa demande régulière de prorogation et a ainsi un droit acquis transmet son droit à son cessionnaire à titre d'accessoire, s'il cède ensuite (Vve Fouchard, 8 juin 1920, et Roussel, 22 juin 1920).

On sait qu'en limitant la portée de l'article 4 de la loi du 23 octobre 1919 aux locaux à usage d'habitation, la Cour suprême a maintenu sa jurisprudence antérieure (arrêt Gatheron du 5 janvier 1920) qui refuse le bénéfice du texte précité aux locaux commerciaux, jurisprudence à peu près unanimement critiquée par la doctrine et qui, actuellement encore,' n'est pas suivie par de nombreuses C. A. Une proposition de loi Puech et Levasseur, votée sans débat par la Chambre dans sa séance du 27 avril 1920, mettra sans doute bientôt tout le monde d'accord, en conférant explicitement aux commerçants cessionnaires le bénéfice que leur refuse la Cour de cassation. Ce sera la deuxième loi interprétative d'un texte originairement insuffisant! L'article 2 de cette proposition dispose que la nouvelle loi « s'appliquera, nonobstant, à toute décision judiciaire contraire, qui n'aura pas été exécutée au jour de la promulgation de la loi ». Cette disposition rétroactive n'est pas rédigée en termes particulièrement clairs et il faut souhaiter que ce « nonobstant », placé entre ses deux virgules, ne provoque pas de nouvelles difficultés : les auteurs de la proposition paraissent indiquer que les commerçants qui auront déjà été jugés sous l'empire de la jurisprudence actuelle et qui auront exécuté la sentence en vidant les lieux, n'auront plus aucun droit à faire valoir. Il n'en sera pas de même pour les plaideurs ingénieux ou obstinés, qui verront leur obstination récompensée. Mais qu'est-ce que vont penser les justiciables de l'autorité de la chose jugée?

**** 50. — Durée de la prorogation.** · La grosse question pratique est de savoir quand le locataire a droit à la prorogation commerciale ou professionnelle (égale à la durée des hostilités) ou seulement à la prorogation de deux années

D'abord, il est constant que lorsque le local est principalement commercial, la prorogation est elle-même commerciale, même si le locataire affecte une partie de ses locaux à son habitation personnelle ou à celle de sa famille (*Sic* pour un avoué : Vve Calcagni, 16 mars 1920) et cela même dans le cas où il y aurait deux locaux, dont un à usage d'habitation, *pourvu qu'il y ait un bail unique.* (Cons. Casses, 19 avril 1920). Si, au contraire, il y a deux baux distincts, il y a lieu à ventilation (Guibert, 10 mai 1920).

Le critérium à établir, *ce n'est pas la profession qu'exerce le locataire*, c'est la nature de la location, sa destination et l'usage des lieux loués. Par application de ce principe, un agent d'assurances, dont le bail ne contient aucune stipulation relative à sa profession et qui, du reste, n'a procédé à aucune installation particulière, n'a droit qu'à la prorogation de deux ans (Sers, 20 juillet 1920). De même, pour un employé des ponts et chaussées, qui prétend exercer à domicile, à ses heures de loisir, la profession de géomètre ou de métreur juré et qui ne justifie pas qu'il a loué des locaux pour y exercer effectivement sa profession (Chabert, 8 juin 1920).

Mais, à l'inverse, le fait que, d'après le bail, les lieux loués doivent être habités bourgeoisement, n'implique pas l'exclusion de l'exercice d'une profession libérale, celle d'artiste graveur, par exemple (Lemoine, 20 juillet 1920), ou d'arbitre rapporteur (Michel, 22 juin 1920), et si cette profession, connue du propriétaire au moment de la location, est effectivement exercée, la prorogation doit être égale à la durée des hostilités.

Sic pour un médecin (Roux-Senty, 13 juillet 1920 et Mondor, 5 juillet 1920); pour un professeur de piano (D^lle Cassagne, 15 juin 1920); pour un représentant de commerce (Sersat, 10 mai 1920); pour la remise d'un commerçant (D^c Gambert, 19 mai 1920).

A noter que le local servant à l'exercice d'une fonction publique, agent voyer par exemple (Desbordes, 26 avril 1920), n'est pas un local professionnel, car la profession n'a en vue que des intérêts privés.

Une société de secours mutuels, dont le but est philanthropique, n'a droit, pour ses locaux, qu'à la prorogation de deux ans (D^e Corréard, 19 mai 1920).

Pour l'homme de lettres, la question est actuellement soumise à la Cour suprême (Voir jugement Eug. Montfort, C. A. 9e arr. Paris, 17 août 1920).

50 *bis*. — **Changement de destination des lieux loués.** — Abondante jurisprudence confirmative de l'arrêt Marcou (Not. Hurt, 16 mars 1920; Périno, 26 avril; Cochelin, 7 juin). Le locataire qui a transformé la destination des lieux loués, telle qu'elle résulte de la convention, ne peut se prévaloir de ce changement pour réclamer la prorogation professionnelle, *même si le propriétaire a toléré ce changement*.

Mais ceci posé, et le bail étant muet sur la destination de l'immeuble, la C. A. peut déduire des circonstances que, dans la commune intention des parties, la location avait un caractère professionnel (Mallet, 1er mars 1920). Même au cas où le bail est fait pour une maison à usage d'habitation, la C. A. peut constater que, *dès le début de la location*, l'immeuble a été affecté à un usage professionnel et que les circonstances indiquent que le propriétaire le savait et y avait, *par avance*, consenti (Guignardat, 1er mars 1920).

Ces deux arrêts ne contredisent donc en rien la règle ci-dessus posée.

****52.** — **Point de départ de la prorogation.** — La prorogation commence à courir non pas du jour de la cessation des hostilités, mais du jour où la location prend fin, si ce jour est postérieur à la cessation des hostilités. C'est la doctrine de la Cour de cassation, multiplement confirmée (en dernier lieu, voir not. Gérard, 12 juillet 1920) et que, pour notre part, nous approuvons entièrement; car pour qu'il y ait *prorogation* de la location, il faut d'abord qu'il y ait expiration normale de celle-ci. Tous les arguments contraires pourront peut-être faire désirer une autre rédaction de la loi; mais en présence de la rédaction actuelle, il ne peut y avoir de discussion, à notre avis, que pour ceux qui veulent refaire la loi, au lieu de l'appliquer.

La C. A. du 9e arrondissement de Paris ayant maintenu l'opinion contraire, sur renvoi d'une sentence cassée pour le même motif, les Chambres réunies de la Cour de cassation sont saisies par arrêt du 27 juillet (Affaire Belvalette). Si elles confirment la jurisprudence de la chambre civile, il faudra donc s'incliner.

La durée de la prorogation n'est établie que dans l'intérêt du locataire; elle n'est pas d'ordre public et un autre point de départ peut donc être conventionnellement fixé par les parties.

Un projet de loi déposé sur le bureau de la Chambre le 20 juillet par le gouvernement mettra sans doute tout le monde d'accord. Il stipule, en son article 1er, que le point

de départ de toutes les prorogations *sera uniformément fixé
au 24 octobre 1919*, date de la cessation des hostilités. Si
le bail ou la location étaient encore en cours à cette date,
« leur durée sera imputée sur celle de la prorogation »,
dit le projet. Il eût été plus correct, la prorogation ne pouvant logiquement commencer à courir qu'après l'expiration
de la location, de dire que sa durée serait variable selon les
espèces, de telle façon qu'elle doive obligatoirement se ter-
miner deux ans après la cessation des hostilités (ou cinq
ans et quatre-vingt-quatre jours s'il s'agit de locaux commerciaux ou de la durée de la mobilisation du locataire, s'il
s'agit de petits logements). Car voilà le législateur qui,
dans son texte, proroge à partir d'une date déterminée,
le 24 octobre 1919, un contrat qui se trouve souvent, à la
même date, en cours d'exécution !

En outre, la prorogation ne prendra fin qu'à l'arrivée du
terme d'usage suivant son expiration.

Et toutes les décisions contraires à la nouvelle loi, même
passées en force de chose jugée, seront réputées non
avenues ! Tant pis pour les justiciables qui, sur la foi d'un
texte législatif, ont antérieurement engagé des frais pour
faire reconnaître leur droit.

Enfin, l'article 11 du projet déclare : « La présente loi
» recevra son application dans tout le département de la
» Seine, dans les communes situées dans un rayon de
» 25 kilomètres des fortifications de Paris et, tant en France
» qu'en Algérie, dans les villes comportant une population
» totale d'au moins 20.000 habitants et dans les communes
» limitrophes des villes, dont la population atteint 50.000 ha-
» bitants. » Alors il y aura donc deux manières de calculer
la durée de la prorogation, selon les localités où la nouvelle loi sera applicable ou non? Nous croyons voir dans ce
texte une inadvertance ; l'article 11 paraît devoir s'appliquer aux autres articles du projet, à l'exclusion de l'article 1er. Mais il faudrait le dire.

52 *bis*. — Le même projet institue, *pour faire suite à la
première*, telle qu'elle est ci-dessus définie, une *deuxième
prorogation*, avec loyers majorés, qui est étudiée *infra*,
n° **121** *bis*.

55. — Signification à fin de congé ou de proroga-tion. — Cette signification, en l'absence du propriétaire ou du locataire, doit être remise à la mairie conformément aux articles 4 et 68 du Code de procédure civile, et c'est à dater de la remise au maire que courent les délais, notamment celui de vingt jours en cas de location verbale (V⁰ Fournial, 8 juin 1920).

*** 57. — Délais.** — En dehors de la prorogation légale ou du maintien en possession prévu par l'article 18, § 2, et ce dernier limitativement prévu aux cas prévus par la loi (D⁰ Lechat, 26 avril 1920), la C. A. ne peut accorder aucun délai au locataire pour la jouissance des lieux, notamment parce qu'il ne pourrait trouver d'autre logement (D⁰ Castel, 11 mai 1920 ; Rente foncière, 28 juin 1920). Il est vrai que cela n'a aucune importance, puisque le juge des référés continue, après le 24 octobre 1920, à accorder des délais, d'une manière du reste parfaitement illégale, puisque le seul texte qui régisse la matière est une circulaire ministé-rielle.

CHAPITRE VI

PROCÉDURE

---

* **59.** — **Composition de la Commission.** — La Commission devant laquelle l'affaire est plaidée doit être composée par les mêmes membres que celle où le jugement est prononcé (Vve Satre, 26 avril 1920); c'est l'application de l'article 7 de la loi du 20 avril 1810.

Mais la commission de jugement doit-elle être la même que celle qui a ordonné une expertise, tous droits et moyens des parties réservés? En présence des termes formels de l'article 38, § 4, cela ne paraît pas douteux; la Cour de cassation a évité de se prononcer nettement sur la question Cr. Ép. Gompel, 23 février 1920, et Pouroy, 26 janvier 1920). En tout cas, la nullité serait couverte si la partie qui avait intérêt à s'en prévaloir avait conclu au fond.

L'un des assesseurs locataires doit être patenté et l'autre non patenté. Un arrêt, du reste isolé, a cependant décidé que lorsque la sentence énonce que l'un des deux locataires est patenté, elle sous-entend et indique suffisamment par cela même que l'autre ne l'est pas (Comte, 6 juillet 1920). Mais elle décide ordinairement que l'expédition de la sentence doit mentionner la qualité des deux locataires (*Sic* Dr Derinck, 3 novembre 1920).

Un arrêt a également décidé que lorsque la sentence ne mentionne pas les qualités de propriétaires ou de locataires des assesseurs, la régularité de la composition de la C. A. doit être présumée, en l'absence de conclusions l'ayant contestée Ép. Wolff, 5 juillet 1920). Mais cet arrêt n'est pas conforme à la jurisprudence dominante, qui exige les mentions précises pouvant seules permettre à la Cour d'exercer son contrôle (Oziouls, 29 juin ; Pouyade, 5 juillet ; Rolachon, 20 juillet).

En cas d'empêchement d'un assesseur titulaire, c'est un suppléant de la même catégorie qui doit siéger, et ainsi un locataire patenté ne peut suppléer un locataire non patenté (Sourzac, 9 juin 1920).

59 *bis*. — **Publicité**. — Les audiences doivent être publiques (art. 49, § 1). Mais en matière civile, il suffit que la décision ait été rendue « à l'audience », pour que cette mention implique l'idée de publicité. Il en est de même du mot « séance », qui est donc synonyme en cette matière, pour la Cour suprême, des mots « audience *publique* » (Dalem, 12 juillet 1920).

* **63**. — **Sentences motivées**. — Sur l'obligation par la C. A. de motiver ses sentences, de manière à permettre à la Cour de cassation d'exercer le contrôle qui lui appartient sur l'application qui est faite de la loi, voir not. Saison, 5 juillet 1920.

En cas d'expertise, la C. A. peut très bien fonder sa décision sur le rapport de l'expert, même manquant d'éléments réguliers d'appréciation et ayant basé ses conclusions sur des renseignements officieux, parce que l'article 323 du Code de procédure civile n'est pas mis par l'article 55 de la loi du 9 mars 1918 au nombre de ceux applicables à la matière des loyers (Franck, 5 juillet 1920).

En cas de motifs erronés, il est de jurisprudence constante que la Cour de cassation peut justifier la décision entreprise, en y suppléant par des motifs de pur droit déduits des faits constatés souverainement par la décision.

65. — L'omission des mentions que doit contenir *la citation* n'intéresse pas l'ordre public et l'irrégularité est couverte par la comparution au fond du défendeur (Thibaud, 28 avril 1920).

66. — Il en est de même du *préliminaire de conciliation* qui peut donc être omis avec le consentement du défendeur (Bernier, 15 avril 1920).

* **68**. — **Comparution à l'audience**. — Les parties devant, en principe, comparaître en personne, il faut, en cas de non-comparution, que l'excuse soit jugée valable par la C. A. et la sentence doit faire mention de cette circonstance, à peine de cassation (Not. Boillot, 6 juillet 1920 ; Fiquet, 12 juillet ; Brass¹ᵉ La Nationale, 25 octobre). Il a été

décidé cependant que la mention : « Mme X..., souffrante et
» représentée par... » équivaut à une excuse dûment agréée
(Vve d'Arraing, 29 juin 1920) et que l'indication qu'une
partie est « assistée » à l'audience implique qu'elle y a
comparu en personne (Gauthier, 19 juillet).

La légitimité de l'excuse doit être appréciée par la Commission et non
pas par le président seul (Société Lépine, 12 juillet 1920).

En ce qui concerne *la représentation à l'audience*, elle est
autorisée pour les avocats « régulièrement inscrits » : ainsi
la mention « Me X..., avocat à Y... » ne suffit pas, si à Y...,
il n'y a pas de barreau (pour Roubaix : Verhelle, 5 juillet 1920.
Les avocats étaient pourtant notoirement inscrits au barreau
de Lille). L'avocat et l'avoué sont dispensés de pouvoir, l'huissier également (Bigot, 23 mars 1920). En revanche, avec ou sans
pouvoir, les agréés ne peuvent pas représenter les parties,
ce qui est assurément injuste, les compagnies d'agréés
présentant toutes les garanties souhaitables. Un clerc
d'avoué est, bien entendu, sans qualité (Moulins, 9 février
1920).

Le membre de la famille qui représente son parent doit
être muni d'un pouvoir spécial ; mais il a été décidé, à tort
selon nous, que l'omission de cette mention dans la sentence n'entraîne pas la cassation, quand le moyen n'a pas
été soulevé devant la C. A. (Comte, 6 juillet 1920).

En tout cas, le mari qui représente sa femme n'a pas besoin de procura-
tion, puisqu'aux termes de l'article 1421 du Code civil, il administre seul
les biens de la communauté (Bécapret, 16 mars 1920).

*72. — **Pourvoi en cassation.** — Les pourvois en
cassation sont actuellement jugés par la chambre civile et
absorbent, du reste, la majeure partie de son temps au
préjudice des affaires de droit commun. Il a paru nécessaire de remédier à cet état de choses, d'où un projet de
loi instituant des « commissions supérieures », voté par le
Sénat le 27 avril 1920 et par la Chambre avec modifications
le 5 juillet ; aux termes de ce projet, le pourvoi sera porté,
non plus devant la chambre civile, mais devant l'une des
deux commissions composées de conseillers à la Cour de
cassation et de conseillers à la Cour d'appel. La procédure

sera exactement la même que celle suivie actuellement
devant la chambre civile. Il ne s'agit donc pas, en réalité,
d'une nouvelle juridiction, en dehors et à côté de celles
existantes, mais plutôt d'un prolongement temporaire de
la Cour de cassation elle-même, celle-ci pouvant être
appelée, le cas échéant et comme aujourd'hui, à dire le
droit en siégeant toutes Chambres réunies.

74. — Conformément à l'article 1er du titre IV du règlement du
28 juin 1738, le pourvoi doit être motivé. On admet qu'une note déposée
au secrétariat de la Commission par le conseil du demandeur suffit à
motiver le pourvoi (Vve Mélifeu, 19 avril 1920).

La femme mariée ne peut se pourvoir en cassation qu'avec l'autorisation
de son mari ou, à défaut, celle de justice. Mais l'autorisation du mari peut
être valablement donnée au cours de la procédure devant la Cour suprême
(De Peyraud, 16 juillet 1919).

77. — De l'opposition. — Comme nous l'avons dit, une sentence
par défaut, lorsqu'elle est devenue définitive par suite de l'expiration des
délais d'opposition, est susceptible de pourvoi en cassation (Duffourg,
23 juin 1920).

La déclaration d'opposition doit être faite, comme le
pourvoi en cassation, au secrétariat de la C. A. par la partie
elle-même ou par son mandataire muni d'un pouvoir spécial,
même s'il est avocat ou officier ministériel (Cons. Bougère,
16 avril 1920).

Toutes les parties intéressées doivent être prévenues dans
les délais de l'article 45 soit par lettre recommandée avec
avis de réception soit par exploit d'huissier. Et cette forma-
lité est prescrite à peine de nullité (Rey, 1er mars 1920).

CHAPITRE VII

DES PROPRIÉTAIRES

Le Conseil d'État a rendu, à la date de ce jour (31 octobre 1920), quatre arrêts sur l'application des articles 29 et 30 de la loi du 9 mars 1918. On en trouvera la teneur ci-après sous les n°s 80, 85 et 97.

80. — Les *sociétés*, sauf les établissements de bienfaisance et les sociétés d'habitations à bon marché, pour qui un régime spécial a été établi, *ne peuvent bénéficier de l'indemnité* établie par l'article 29, parce qu'elles ne peuvent, quel que soit le chiffre de leur revenu, être assujetties à l'impôt général sur le revenu (*Sic* pour une société en nom collectif : Arrêt Rigola, 2 juillet 1920).

85. — S'il y a lieu de faire entrer dans le quantum de l'indemnité les annuités des créances hypothécaires, il n'en est pas de même de celles afférentes aux créances chirographaires, par exemple à un emprunt contracté par une société d'habitations à bon marché à la Caisse des dépôts et consignations sans garantie hypothécaire (Arrêt du Foyer Lorrain, 2 juillet 1920).

88 *bis.* — Comme nous le faisions prévoir, une loi nouvelle, celle du 10 août 1920 (*J. off.*, du 13), a prorogé les délais accordés aux propriétaires, pour réclamer leur indemnité de 50 p. 100. Ils pourront le faire dans les six mois qui suivront le jour de la signature du procès-verbal de conciliation ou celui du jugement de la Commission, mais à la condition qu'il s'agisse d'instances introduites avant le 1ᵉʳ janvier 1921. La loi ne parle pas des exonérations amiables; l'indemnité correspondant à celles-ci a donc dû obligatoirement être demandée avant le 24 octobre 1920.

97. — Il est décidé que par application de l'article 33, il doit être tenu compte, pour le calcul des pertes de loyer, du loyer en vigueur au 1er août 1914 et non des augmenta_tions stipulées au bail et devant entrer en vigueur après cette date (Arrêt Bouchard, 14 mai 1920).

Il appartient d'autre part à la Haute Assemblée d'apprécier la sincérité et le caractère des actes en vertu desquels les locataires ont été exonérés et de rechercher, d'après les justifications fournies par le demandeur et les documents produits par l'administration, si ces exonérations ont été accordées pour les motifs prévus par la loi du 9 mars 1918, comme étant de nature à entraîner des réductions de loyer. Ainsi l'exonération de loyers accordée par le propriétaire à son locataire, pour que celui-ci quitte les lieux loués et rende possible la vente immédiate de l'immeuble, n'est pas compensée par l'indemnité de 50 p. 100 (Arrêt Lafon, 14 mai 1920).

97 bis. — **Des héritiers du bailleur.** — Dans le cas où un propriétaire décède au cours d'une année où ses locataires ont obtenu des exonérations, l'administration refuse aux héritiers tout droit à indemnité pour cette période (Instruction du 8 mars 1920). En effet, le propriétaire devrait, pour avoir droit à l'indemnité, justifier de sa situation à l'égard de l'impôt sur le revenu pour l'année *suivant* celle où il a subi des pertes de loyer ; comme il est mort, il n'y a plus pour lui ni impôt sur le revenu, ni par conséquent indemnité possible. Telle est la thèse de l'administration, inspirée, comme toujours en cette matière, de l'esprit le plus étroit et le plus vexatoire. On peut répondre, à notre avis, que l'héritier continue la personne du défunt, qu'il est en possession de tous les droits et actions de son auteur et que, par conséquent, s'il justifie en ce qui le concerne de sa situation à l'égard de l'impôt sur le revenu, il a droit à l'indemnité pour les pertes subies par le défunt l'année précédente.

101. — **Dettes hypothécaires.** — L'article 32 ne peut être invoqué que s'il s'agit d'un immeuble urbain et non pas d'un bien rural (Vve Grasset, 24 février 1920). Cette solution nous paraît éminemment équitable, car les propriétaires de biens ruraux ont été beaucoup moins durement traités par la loi du 17 août 1917 que les propriétaires d'immeubles urbains par la loi du 9 mars 1918, qui leur est particulière.

102. — **Intérêts de la créance.** — Au cas où l'emprunt hypothécaire est arrivé à échéance plus de trois ans avant

la déclaration de guerre, aucun délai de paiement ne peut
être accordé pour le capital; car ce serait dépasser le délai
prévu par le § 2 de l'article 32; mais pour les intérêts. il
faut considérer le point de départ de leur exigibilité en
distinguant chaque annuité et un délai peut être accordé
dans la limite du texte précité (Guillou, 29 juin 1920).

Dans le cas où la créance n'est pas encore exigible, la
C. A. peut-elle accorder des délais pour le paiement des
intérêts échus pendant la guerre? La Cour suprême a cassé
une décision qui l'avait fait, parce qu'elle avait modifié le
point de départ fixé impérativement à l'exigibilité de la
créance (Ribet, 29 juin 1920).

CHAPITRE VIII

LES BAUX DANS LES RÉGIONS DÉVASTÉES

---

113. — La loi du 25 octobre 1919 a donné lieu jusqu'à
ce jour à peu d'arrêts de la Cour suprême. La seule question
de principe qui s'est posée est celle des *délais de forclusion*,
que nous avons exposée, et nous constatons, sans en tirer
nulle vanité, que la Cour de cassation a, en présence d'un
texte assurément peu clair : l'article 4, partagé nos incer-
titudes.

Le cas se posait pour des baux expirant plus de trois
mois, mais moins de six mois après la promulgation de la loi
du 25 octobre 1919, et pour lesquels le locataire n'avait pas
notifié sa volonté de proroger trois mois au moins avant l'expiration de son bail. Était-il forclos par application du § 2,
première phrase, de l'article 58 de la loi du 9 mars 1918,
qui l'obligeait à faire sa notification trois mois au moins
avant l'expiration du bail? Ou bien fallait-il appliquer la
deuxième phrase du même alinéa de l'article 58, aux termes
de laquelle le locataire avait six mois à partir de la promulgation de la loi, au cas où le bail était déjà expiré ou
devait expirer moins de six mois après cette promulgation ;
on devait alors considérer que l'article 4 de la loi du 25 octobre 1919 ayant disposé que tous les délais de forclusion
de la loi du 9 mars 1918 ne commenceraient à courir qu'à
dater de la promulgation de la nouvelle loi, le locataire
dont le bail devait expirer moins de six mois après la promulgation de la loi du 25 octobre avait six mois à partir de
cette date pour faire sa notification.

Telles étaient les deux thèses en présence. La C. A. de Béthune avait opté pour la deuxième, qui est la plus bienveillante pour les locataires des régions sinistrées, et sur pourvoi, la Cour de cassation a confirmé et sanctionné cette thèse (Dubuisson, 21 juillet 1920). Mais le 20 juillet 1920, dans un arrêt Delabry et s'agissant d'une sentence de la même C. A. de Béthune, la Cour de cassation avait adopté l'opinion contraire et déclaré forclos le locataire dont le bail expirait le 1er avril 1920 et qui, aux termes de l'article 58, aurait dû faire sa notification avant le 1er janvier, et cela parce que le *point de départ* des délais de forclusion était postérieur à la loi du 25 octobre 1919. Il y a là une erreur manifeste : car il s'agit non pas d'un point de départ de délai de forclusion, mais, si l'on peut dire, d'un point d'arrivée : le délai de forclusion ne commençait pas à courir à dater du 1er janvier : il se terminait, au contraire, à cette date.

Les C. A. qui ont eu à se prononcer adoptent toutes le point de vue de celle de Béthune (Not. Cᵐ de Tourcoing, aff. Destailleur c. Castelin, 3 mai 1920). Quoi qu'il en soit, si la commission de renvoi qui jugera l'affaire Delabry maintient l'interprétation de la C. A. de Béthune et si un nouveau pourvoi est formé par le propriétaire, il faudra que les Chambres réunies disent définitivement le droit.

CHAPITRE IX

LA CRISE DES LOGEMENTS

---

121. — Mesures répressives. — La chambre criminelle de la Cour de cassation a fort judicieusement appliqué l'article 6 de la loi du 23 octobre 1919 (spéculation illicite).

1° A un locataire qui, ayant imposé la prorogation légale de son bail à son propriétaire, a ensuite sous-loué sa maison pour 700 francs, alors qu'il payait lui-même un loyer de 400 francs. L'intéressé avait été relaxé par la Cour d'appel de Rennes, par le motif qu'étant donnés les charges de la propriété bâtie, l'élévation des salaires, le renchérissement des matières premières et la hausse importante du prix des loyers à Rennes, la valeur locative de la maison paraissait supérieure à 700 francs. La Cour de cassation a cassé cet arrêt, parce que « ces circonstances ne sauraient » être invoquées par un locataire qui, n'ayant à supporter » aucune des charges de la propriété bâtie, porte à 700 francs » un loyer dont il vient lui-même de faire maintenir le prix » à 400 francs » (Procureur général de Rennes, c. Wolski, 24 juin 1920).

2° A un hôtelier, qui avait majoré de 50 p. 100 le prix de ses chambres. Les mots « baux à loyer » visent, en effet, toute location de locaux destinés à l'habitation et notamment la location à la journée d'une chambre d'hôtel (Mélusson c. Min. public, 6 août 1920).

121 *bis*. — Quand y a-t-il délit ? — Nous avons exposé que le délit de spéculation illicite sur les loyers était si peu défini par la loi, qu'un propriétaire, agissant de la meilleure foi du monde, ignore s'il commet un délit ou non et si l'augmentation de loyer *qu'il demande* — et non pas même qu'il obtient. puisque la tentative du délit est répressible tout comme le délit lui-même — ne le conduira pas en police correctionnelle.

Citons un jugement du tribunal du Havre du 21 avril 1920 (*Gaz. Trib.*, 29 sept.), qui s'est efforcé de préciser les deux éléments caractéristiques du délit : *a*) hausse du loyer au delà de l'augmentation des charges de la propriété bâtie; *b*) au delà de la concurrence naturelle et libre du commerce.

Le tribunal :

Attendu qu'aux termes de l'article 6 de la loi du 23 octobre 1919, seront punis des peines portées en l'article 419 du Code pénal ceux qui, dans un but de spéculation illicite, soit individuellement, soit collectivement, auront provoqué ou tenté de provoquer la hausse du prix des baux à loyer au delà des taux que représentent l'augmentation des charges de la propriété bâtie et la concurrence naturelle et libre du commerce :

Attendu que les expressions « augmentation des charges de la propriété bâtie » sont suffisamment explicites par elles-mêmes et visent les dépenses de toute nature qui incombent aux propriétaires d'immeubles bâtis; qu'au contraire, il convient de préciser ce qu'il faut entendre par « la concurrence naturelle et libre du commerce » ;

Que, pour ce faire, il y a lieu de se reporter aux travaux préparatoires de la loi; qu'à la séance du Sénat du 26 septembre 1919, M. le Garde des Sceaux a dit textuellement : « Il y a spéculation illicite lorsque le commerçant a vendu à un taux qui dépasse les prévisions légitimes du commerce et de l'industrie. Par prévision, il faut entendre ce qui a trait au prix de revient, à l'amortissement de l'outillage et des frais d'installation. » Qu'à la même séance, le rapporteur de la loi, M. Chéron, a déclaré : « Ce n'est pas le propriétaire honnête qui sera poursuivi, ce sera celui qui, dans une intention coupable, dans une intention de lucre inadmissible dépassant le prix normal de l'offre et de la demande, aura tenté de provoquer la hausse du prix de l'habitation » ;

Attendu, d'un autre côté, que la Cour de cassation. dans son arrêt du 21 juin 1918, a proclamé que le délit de spéculation est illicite, alors que la hausse du prix des denrées ou marchandises est la conséquence notamment « d'opérations ne rentrant pas dans l'exercice normal et régulier d'une profession industrielle ou commerciale » :

Attendu qu'en rapprochant ces diverses données, on arrive à cette conclusion que le propriétaire d'un immeuble bâti a droit non seulement au remboursement des charges effectives grevant ledit immeuble, mais encore au bénéfice que comporte l'exercice normal et régulier de sa prol'ession de propriétaire, c'est-à-dire au revenu que tout propriétaire honnête est en droit de retirer de l'exploitation de son capital ;

Attendu, ceci posé, qu'il ne s'agit plus que d'évaluer la somme que représentent, à l'heure actuelle. les charges de la propriété bâtie et l'intérêt du capital, et de la comparer au chiffre qu'elles atteignaient en 1914 :

En ce qui concerne les charges :

Attendu que tout le monde paraît admettre qu'avant la guerre les charges normales qui grevaient la propriété foncière représentaient, amortissement compris. le quart du montant brut du loyer, que, pour n'en citer qu'un exemple, depuis de longues années, l'assiette de l'impôt foncier est établie sur les trois quarts dudit revenu ;

Attendu qu'en tenant compte des augmentations subies par les impôts fonciers — abstraction faite de la taxe des portes et fenêtres qui constitue une charge de la jouissance et, à ce titre, doit être supportée par le locataire — par le coût des assurances et des réparations, il paraît équitable d'admettre que les charges actuellement imposées aux propriétaires d'immeubles bâtis ont doublé et entraînent pour eux un surcroît de dépenses de 25 p. 100 du revenu brut desdits immeubles ;

En ce qui concerne l'intérêt du capital :

Attendu qu'il est universellement admis qu'à raison des modes d'acquisition et d'aliénation de la propriété bâtie, des formalités, des lenteurs et des frais qu'ils entraînent, les placements immobiliers de cette nature doivent bénéficier d'un taux d'intérêt supérieur à celui des valeurs mobilières ; qu'ainsi, avant la guerre, alors que le revenu de la rente française était de 3,50 p. 100, le revenu moyen des immeubles bâtis ressortait à 5 p. 100 ;

Attendu que les raisons qui justifiaient cette majoration de 1,50 p. 100 existent encore à l'heure actuelle ; qu'en conséquence, en prenant pour base les différents emprunts qui ont été récemment négociés à un taux oscillant autour de 5,50 p. 100, il convient de fixer à 7 p. 100 le revenu normal qu'un propriétaire honnête peut retirer de son capital ;

Que cette augmentation de 2 p. 100 dans le taux de l'intérêt correspond exactement à 30 p. 100 du revenu brut que le propriétaire retirait de son immeuble :

Attendu que, de ce qui précède, il résulte qu'en tenant compte des deux éléments visés par l'article 6 de la loi du 23 octobre 1919, le propriétaire d'un logement d'habitation peut, sans tomber sous le coup de ce texte, majorer le prix de location de 1914 ;

1° En toute hypothèse de 30 p. 100, représentant l'écart entre le taux normal actuel de l'intérêt du capital engagé et celui de 1914 ;

2° Suivant les circonstances, de 25 p. 100, représentant l'augmentation du coût des charges qui lui incombent, sauf à majorer ce taux au cas où d'importants travaux d'appropriation ou de transformation auraient été effectués à l'immeuble ou à le supprimer au cas où aucunes réparations de mise en état n'y auraient été faites :

Attendu que l'information et les débats ont établi que, le 25 décembre 1919, le prévenu a loué, moyennant 500 francs par an, un logement composé de trois pièces dont le prix annuel de location avait été, du 29 septembre 1914 au 25 décembre 1919, de 270 francs, soit une augmentation de 230 francs, représentant 85 p. 100 ;

Attendu que le prévenu n'a fait aucune réparation audit logement ; qu'en imposant dans ces conditions à son locataire une augmentation de cette importance, il a, dans son intérêt personnel, tenté de provoquer la hausse du prix des loyers au-dessus des taux que représentent les charges de la propriété bâtie et la valeur locative de son immeuble ;

Qu'il convient donc de retenir R... dans les liens de la prévention et de lui faire application de l'article 6 de la loi du 23 octobre 1919, tout en le faisant bénéficier des circonstances atténuantes ;

Par ces motifs :

Déclare R... coupable d'avoir au Havre, en décembre 1919, dans un but de spéculation illicite, provoqué ou tenté de provoquer la hausse du prix des baux à loyer au delà des taux que représentent l'augmentation des charges de la propriété bâtie et la concurrence naturelle et libre du commerce ;

Dit qu'il existe des circonstances atténuantes en sa faveur ;

Et lui faisant application des articles 6 de la loi du 23 octobre 1919, 119 et 463 du Code pénal ;

Condamne R... à 550 francs d'amende.

a) Sur l'augmentation des charges, deux observations s'imposent : la première, c'est que la situation variera avec chaque espèce, selon les lieux, les circonstances et le moment. La deuxième, c'est que, dans le cas fréquent où le bail est conclu pour une durée de trois années, il serait juste que le propriétaire puisse prévoir l'élévation, malheureusement probable, des charges ;

b) Sur la concurrence naturelle et libre du commerce, le jugement rapporté n'a exactement rien dit. Il tient compte de l'intérêt du capital et de l'élévation du taux de l'argent pour admettre, de ce fait, une augmentation de 30 p. 100 du loyer d'avant-guerre. Mais la question de l'intérêt de l'argent est entièrement distincte de « la concurrence naturelle et libre du commerce ». Et quel est le commerçant qui se contenterait de 30 p. 100 d'augmentation sur ses bénéfices d'avant-guerre ?

Condamner sur des motifs aussi discutables un propriétaire qui a demandé 85 p. 100 d'augmentation, alors que le

tribunal estimait qu'il aurait dû se contenter de 55 p. 100,
parait tout de même singulièrement abusif.

Quant à la *simple tentative*, elle est punissable comme le
délit lui-même. Citons le jugement suivant du tribunal de la
Seine en date du 14 juin 1920.

Le tribunal :

Attendu qu'il résulte de l'instruction et des débats que, le 1er juillet 1919,
Digard, marchand de chaussures établi rue du Temple, 203, à Paris, a
sous-loué au sieur Adriaenssens un local situé au-dessus de sa boutique,
par bail d'un an, pour le prix de 2.100 francs avec le versement d'un semestre
d'avance ;

Attendu qu'Adriaenssens a ouvert dans ce local son agence de fonds de
commerce et a engagé des dépenses pour son aménagement (installation
de l'électricité, du téléphone, etc...) ;

Attendu que ce local est composé d'une entrée et de deux pièces ;

Attendu qu'Adriaenssens désirait obtenir le renouvellement de sa location, à raison de la publicité coûteuse qu'il avait faite pour annoncer l'ouverture de son agence ;

Attendu que, vers le 16 janvier 1920, Digard lui apprit qu'on lui propo-
sait 3.100 et même 3.500 francs pour son local, et annonça à Adriaenssens
qu'il lui donnerait la préférence pour le prix de 3.200 francs, ajoutant que
le bail en cours serait immédiatement déchiré et remplacé par la nouvelle
convention ;

Attendu que, peu après, Digard lui a proposé un bail à 2.000 francs par
an, pour cinq années, avec le paiement immédiat d'une somme de 6.000 fr.,
représentant la différence entre 3.200 francs, prix réel de la location, et
2.000 francs, prix apparent, qui serait inscrit sur le contrat de location ;

Attendu que Digard représenta à Adriaenssens que, par ce moyen, il
paierait des contributions moins élevées ;

Attendu qu'Adriaenssens, ayant appris que son prédécesseur ne versait
à Digard que 1.400 francs pour la location des deux pièces, et que Digard
avait obtenu ce local du propriétaire de l'immeuble dans des conditions très
avantageuses, demanda l'assistance de deux inspecteurs de la police judiciaire pour constater les propositions spéculées du marchand de chaussures
et assister à la remise des 6.000 francs ;

Attendu que déjà un sieur Bignon, clerc de notaire, et l'associé du plaignant, un sieur Lebreton, avaient entendu Digard exposer la combinaison
et annoncer qu'il donnerait congé à Adriaenssens, si le sous-locataire
refusait l'augmentation ;

Attendu que, le 31 janvier 1920, les inspecteurs Hay et Castex, postés
dans le cabinet attenant au bureau d'Adriaenssens, ont entendu le dernier
entretien entre Digard et le marchand de fonds de commerce ;

Attendu qu'Adriaenssens a en vain cherché à faire revenir Digard sur
sa décision ;

Attendu que Digard a refusé en disant : « Je ne voudrais pas que vous me preniez pour un étrangleur, car j'ai chez moi, dans mon magasin, une lettre recommandée dans laquelle une personne m'offre de me louer pour 3.500 francs le local que vous occupez » ;

Attendu que les inspecteurs ont alors entendu le froissement des billets de banque qu'Adriaenssens commençait à compter ;

Attendu que le plaignant a dit à haute voix : « un, deux, trois, quatre, cinq, six », et a demandé à son interlocuteur : « mais il faut que je vous paie encore mon loyer » :

Attendu que Digard ayant répondu affirmativement, Adriaenssens a froissé d'autres billets et a dit à Digard : « signez », puis a frappé sur la table pour rappeler les policiers :

Attendu qu'à ce signal, les inspecteurs étant entrés brusquement dans le bureau ont vu Digard près de la table ayant devant lui une liasse de billets de banque et prêt à les ramasser :

Attendu qu'en apercevant les inspecteurs, Digard s'est emparé aussitôt des deux exemplaires du bail et a tenté de les faire disparaître :

Attendu qu'il a déchiré l'un de ces exemplaires et a mis les morceaux dans sa poche :

Attendu que Digard, surpris en flagrant délit, a imploré Adriaenssens d'arrêter sa plainte et de ne pas le faire conduire au commissariat :

Attendu que devant le commissaire et ayant eu le temps de se ressaisir, il a nié éperdument tous les faits rapportés par les inspecteurs, comme l'avait pressenti Adriaenssens, et en a donné une interprétation invraisemblable :

Attendu qu'il persiste à soutenir, malgré tous les témoignages et l'impossibilité de la contradiction, qu'il est victime d'une confusion, que ses propos ont été mal interprétés, qu'Adriaenssens a organisé une machination politique contre lui ;

Attendu que Digard ne pourra faire croire à personne qu'étant donnée la hausse des loyers, il aurait consenti, en janvier 1920, un bail de cinq années à Adriaenssens, pour le prix de 2.000 francs, avec une réduction de 100 francs sur la location de juillet 1919 :

Attendu que les principaux locataires ne pratiquent pas en ce moment des tarifs dégressifs :

Attendu que la nouvelle convention, par comparaison avec le bail de juillet 1919, impliquait nécessairement le versement d'un dessous de table ;

Attendu que le montant de ce supplément a été fixé à 6.000 francs, dans l'entretien du 31 janvier, sans aucun doute pour les juges :

Attendu que Digard n'est pas poursuivi pour avoir voulu commettre une fraude fiscale, mais pour spéculation ;

Attendu qu'il s'agit d'examiner si le nouveau prix exigé était spéculé ou correspondait à la valeur du logement ;

Attendu que Digard n'avait subi aucune augmentation pour son loyer global de 6.550 francs et pouvait rester aux mêmes conditions jusqu'au 1er octobre 1920, dans sa boutique et dans les deux pièces sous-louées, sans compter la prorogation ;

Attendu qu'en évaluant à 1.000 francs, sur le loyer global, le coût des deux chambres, le tribunal fait une large estimation de leur valeur, à la date de la signature de la première convention, entre Digard et son bailleur;

Attendu que Digard les avait sous-louées en juillet 1919, en pleine hausse, au prix de 2.100 francs :

Attendu que cette location avantageuse lui permettait de récupérer une partie de la location de son magasin et pouvait correspondre à la valeur des chambres transformées en agence de fonds de commerce;

Attendu qu'il eût été licite d'insérer dans un bail de plusieurs années une majoration progressive, pour tenir compte des nouveaux impôts et des taxes supplémentaires dont Digard pouvait être tenu, d'après son bail, et dont Adriaenssens et son associé auraient pu équitablement verser leur part légitime :

Mais attendu que l'augmentation de 1.100 francs payée d'avance n'était pas justifiée, quels que fussent les avantages que le marchand de fonds retirerait des locaux;

Attendu que la manœuvre de Digard, qui pouvait inciter le marchand de fonds de commerce à se rattraper sur sa clientèle, provoquait la hausse du prix de ce bail à loyer, au delà des taux que représentaient ses charges actuelles et futures pendant la durée de la location ;

Attendu que le petit logement n'ayant pas été affiché, la mise aux enchères dont a parlé Digard est imaginaire;

Attendu que le prévenu n'a pas produit la lettre dont il avait parlé ;

Attendu qu'une véritable concurrence naturelle et libre du commerce s'était exercée sans contrainte en juillet 1919;

Attendu que le prix de 2.100 francs en était la résultante *maxima* incontestée ;

Attendu que Digard est atteint et convaincu d'avoir à Paris, en janvier 1920, depuis un temps non prescrit, dans un but de spéculation illicite, individuellement tenté de provoquer la hausse du prix d'un bail à loyer, au delà des taux que représentent l'augmentation des charges de la propriété bâtie et la concurrence naturelle et libre du commerce, ladite tentative manifestée par un commencement d'exécution n'ayant manqué son effet que par une circonstance indépendante de sa volonté, délit prévu et puni par les articles 6 de la loi du 23 octobre 1919, 419 du Code pénal;

Attendu qu'il échet de tenir compte à Digard des excellents renseignements recueillis sur lui ;

Faisant application des articles 6, 419 précités; vu l'article 463 du Code pénal et modérant la peine, en raison des circonstances atténuantes, condamne Digard à 5.000 francs d'amende; le condamne, en outre, aux dépens.

Enfin l'arrêt suivant de la cour de Paris, en date du 28 juin 1920, pose deux principes parfaitement justifiés : c'est d'abord que le locataire principal, qui sous-loue, ne saurait avoir aucune raison de majorer le prix de location qu'il paie lui-même (réserve faite, bien entendu, du cas où il sous-loue en meublé un local qu'il a loué vide); et ensuite le procédé qui consiste à obliger un locataire à acheter à un prix exagéré des objets garnissant les lieux n'est qu'un moyen de masquer une hausse illicite du loyer.

La cour,

En fait : Considérant que l'appelant, après avoir loué au mois d'avril 1919 un petit appartement, 11, rue de la Terrasse, et l'avoir meublé, a, quelque temps après, cherché à le sous-louer ; qu'il a fait paraître une annonce dans les journaux et que, quand un locataire s'est présenté, il lui a imposé comme condition l'achat du mobilier; qu'une expertise — expertise qui offre toutes les garanties d'exactitude — a démontré que le mobilier offert ne valait pas la moitié du prix qui en était demandé, les principaux objets, tels que le piano, le lit, le buffet, la vaisselle, n'étant pas compris dans les meubles vendus: que devant cette exigence, le locataire s'est retiré et a porté plainte :

En droit : Considérant que le délit de spéculation illicite sur les loyers, prévu et réprimé par l'article 6 de la loi du 23 octobre 1918, est perpétré dès qu'il y a abus de la part du bailleur, c'est-à-dire dès que celui-ci tire parti des difficultés de l'heure présente pour imposer un prix de location, que rien ne justifie, à un locataire dans l'embarras; que le délit devient plus blâmable quand il s'agit, non d'un délinquant qui, étant propriétaire, a commis le délit facilité par les circonstances, mais bien d'un délinquant qui s'est fait propriétaire pour commettre ce délit, louant un local pour le sous-louer avec bénéfice: qu'une pareille entreprise, à l'heure de la crise du logement, n'est pas autre chose qu'une spéculation dans laquelle des gains excessifs ne se réalisent qu'en mettant à profit une calamité publique; que c'est bien là la spéculation que le texte visé qualifie d'illicite et qu'il a pour but de réprimer;

Considérant que la loi du 23 octobre 1919 est une loi d'exception, rendue nécessaire par les difficultés actuelles, limitée d'ailleurs dans la durée de son application: qu'on ne saurait donc, comme le fait le prévenu dans ses conclusions prises en appel, invoquer ici les principes généraux de la liberté du commerce et de la liberté des conventions; que dans la loi sur la spéculation illicite comme dans toutes les lois 'de réquisitions, de restrictions et de prohibitions d'importation, le législateur a entendu faire fléchir ces principes de liberté dans un intérêt général :

Considérant d'ailleurs qu'un locataire qui sous-loue ne saurait avoir aucune raison de majorer le prix de location qu'il paie lui-même, tant que celui-ci n'est pas augmenté, puisqu'il ne supporte aucune des charges de la propriété bâtie, ni impôts, ni frais d'entretien de l'immeuble, ni dépenses faites pour assurer la jouissance des lieux loués;

Considérant que le procédé consistant à imposer au locataire l'achat, à un prix exagéré, des objets garnissant, outre qu'il constitue un véritable acte de chantage vis-à-vis d'une personne contrainte de tout accepter et de tout subir, n'est, au demeurant, qu'un moyen de masquer une majoration scandaleuse du prix de location, majoration dont le chiffre est facile à déterminer, puisqu'il consiste dans l'écart entre la valeur réelle des meubles et la plus-value qui lui est attribuée par le bailleur, cette somme étant à répartir sur la durée du bail restant à courir ;

Considérant, dès lors, qu'il est constant que, par la condition imposée, Galle a tenté de produire la hausse sur le prix d'un loyer ; que cette tentative, manifestée par un commencement d'exécution, consistant dans les offres et dans le consentement donné au contrat de location si la condition était acceptée, n'a été suspendue et n'a manqué son effet que par une circonstance indépendante de la volonté de son auteur, c'est-à-dire le refus de donner suite au projet ;

Par ces motifs :

Déclare Galle atteint et convaincu ;

Vu les articles 3 et 419 du Code pénal de la loi du 23 octobre 1919, condamne Galle à la peine de deux mois d'emprisonnement et de 4.000 francs d'amende, etc...

121 *bis*. — Le projet de loi Lhopiteau. — Le garde des Sceaux a, le 20 juillet, déposé sur le bureau de la Chambre un projet, aux termes duquel les *locaux d'habitation* bénéficieront, dans les grandes villes et agglomérations, d'une nouvelle prorogation de trois ans, s'ajoutant à celle déjà accordée par les lois antérieures et étant entendu (V. n° 52) que toutes ces prorogations antérieures devront prendre fin le 24 octobre 1921.

Seulement, tandis que la première prorogation était accordée au prix du bail primitif, sans augmentation possible, la nouvelle prorogation ne sera accordée qu'avec certaines augmentations stipulées par la loi et ne pouvant, en tout cas, dépasser 40 p. 100 par rapport à la valeur locative de 1914.

C'est donc une manière détournée de taxation et c'est notamment le système adopté par les lois belge et italienne, mais *avec cette différence essentielle* que la prorogation instituée par ces lois étrangères comportait, *dès le début*, une faculté d'augmentation du loyer. Il est donc juste de dire que nulle part, dans aucun pays, les propriétaires d'immeubles urbains ne seront traités aussi durement qu'en France, d'autant que le taux de 40 p. 100 est absolulument insuffisant, eu égard à l'augmentation du coût de la vie. La Chambre syndicale des propriétaires d'immeubles de la région de Lille présente, à ce propos, la remarque suivante :

Tout ce qui est nécessaire à la vie est actuellement à des prix triplés, quadruplés et plus ; seul le logement est taxé au même prix et on se propose de ne permettre qu'un maximum d'augmentation de 40 p. 100, alors que, peut-être, tout ce qui intéresse la propriété augmentera jusqu'à 1.000 p. 100.

Un propriétaire roubaisien a fait justement la remarque qu'avant-guerre un ouvrier locataire travaillait quatre jours par mois (5 fr. $\times$ 4 — 20 fr.) pour payer son logement, Étant maintenu au même prix, il lui suffit de travailler pendant une journée de huit heures pour en payer le loyer. Notez qu'avant-guerre la journée était de dix heures ; donc, au lieu de travailler quarante heures pour l'infâme vautour, l'ouvrier ne travaille plus que huit heures par mois.

La commission de cherté de vie, nommée par le préfet, vient d'établir que le coefficient de vie chère était 3,74 : le salaire moyen de l'ouvrier, en 1914, qui était de 5 francs dans nos régions, devrait être de 3,74 $\times$ 5 = 18 fr. 70. Or, la plupart gagnent au moins 25 francs ; il y a donc là une marge qui devrait permettre de mettre le loyer au diapason du reste. Un prélèvement de 1 franc à 1 fr. 50 ne détruirait pas l'équilibre de ce budget d'ouvrier locataire, donnerait une rémunération raisonnable au propriétaire, et, de ce fait, certains d'entre eux, encouragés, risqueraient à nouveau des capitaux en construction de nouveaux logements ouvriers, d'où décongestion des logements actuellement surpeuplés, ce qui est néfaste pour l'hygiène, et terminaison de la crise du logement, dont les conséquences pourront devenir graves.

En 1914, un propriétaire recevant 100 francs de loyer, il lui restait net 75 francs, toutes contributions, charges et réparations payées. En 1921, d'après les données pour contributions, charges et réparations, pour 100 francs de loyer qui rentreront, il restera net au propriétaire 15 francs.

Est-ce ainsi qu'on encouragera les nouvelles constructions, ce qui serait pourtant le seul moyen de conjurer la crise des logements ?

33.299. — Bordeaux, Impr Y. Cadoret, 17, rue Poquelin-Molière.

BORDEAUX. — IMPRIMERIE CADORET

17, RUE POQUELIN-MOLIÈRE, 17